Energetisches Notfallbuch
Der einzigartige Energievampirtöter

Herold zu Moschdehner

Energetisches Notfallbuch

Der einzigartige Energievampirtöter

Bibliografische Information durch
Die Deutsche Bibliothek:
Die Deutsche Bibliothek verzeichnet diese Publikation in der Deutschen Nationalbibliografie; detaillierte bibliografische Daten sind im Internet über http://dnb.ddb.de abrufbar.

ISBN 9783735738622

Herstellung und Verlag: BoD - Books on Demand, Norderstedt

29,90 Euro

Herold zu Moschdehner ist anerkannter Geistheiler, Energievampirtöter und geschult durch AkashaChronik, Meditation und chakratischer Versnotschelung. Mit diesem Buche sagt er Energieräubern den Kampf an und sendet Licht, Energie und Lebensfreude an Depressive, Energieschwache und Hilfsbedürftige. Das manche Menschen sich sehr schwach fühlen und immer wieder krank, liegt an keiner geistigen oder körperlichen Schwäche, sondern an einem oder mehreren EnergieDieben. Diese Diebe/Räuber wissen es meistens nicht einmal selbst. Also, dass sie Räuber sind. Es sind kleine Seelen, die viel von anderen Seelen nehmen müssen. Schon alleine aus Selbsterhaltungstrieb. Es gibt aber auch bösartige Seelen, die einfach nur gierig ziehen und das sind eben die Schlimmsten. Wenn Sie mit so einem Menschen viel zu tun haben werden Sie Krebs bekommen und andere schlimme Krankheiten. Sie werden dahinsiechen und ihm sogar noch dankbar sein, dass er sich um sie kümmert.
Dieses vorliegende Buch strotzt vor heilsamer Energie, es ist prall gefüllt und dient zu einer Regenerierung mit intensiver und kompensierten Energie. Einem „normalen" Menschen könnte man niemals erklären, dass dieses Buch/diese leeren Seiten Energie enthalten, aber ich denke, Sie wissen ganz genau, dass Gedanken auch gleichzeitig eine Stärke haben und nicht einfach verebben. Dieses Buch befand sich in den Händen Herold zu Moschdehners. Sie sind getränkt von Kraft und Sie können sich daran auffüllen, wie an einer Steckdose. Die beste Möglichkeit dafür bietet eben das Weiß der Seiten. Legen Sie sich auf ein Bett oder ein Sofa

und nehmen Sie das Buch vor ihr Gesicht.
Moschdehners Energie wird auf sie strahlen.
Stellen Sie sich vor, dass eine Hand nach Ihnen greift und sie streichelt.
Sie werden ein Kribbeln verspüren, dann einen kleinen Gänseschauer am Kopf und schon bald werden sie spüren, wie sich alles auffüllt.
Notieren Sie bitte, welche Seiten sie schon benutzt haben. Jede Doppelseite dient nur für eine Aufladung!

„Für jede Heilung verschenke ich 0,5% meiner eigenen Lebensenergie. Wenn ich sterbe, wird meine Energie weiterleben. Deshalb mach ich die ganze Scheiße!" Herold zu Moschdehner auf einer Podiumssitzung 1999